집에 있는데 집에 가고 싶어요

꽉 끼인 과일

집에 있는데 집에 가고 싶어요

초판 1쇄 발행 2021년 11월 2일

지은이 변세영
펴낸이 장길수
펴낸곳 지식과감성#
출판등록 제2012-000081호

교정 백승은
디자인 박예은
편집 박예은
검수 정은지, 이현
마케팅 고은빛, 정연우

주소 서울시 금천구 벚꽃로298 대륭포스트타워6차 1212호
전화 070-4651-3730~4
팩스 070-4325-7006
이메일 ksbookup@naver.com
홈페이지 www.knsbookup.com

ISBN 979-11-392-0103-1(03810)
값 15,400원

지식과감성#
홈페이지 바로가기

집에 있는데 집에 가고 싶어요

꽉 끼인 과일

변세영 지음

지식과감성#

목차

사랑하는 나의 사람들에게 이 책을 바칩니다.

사랑하는 나의 동물들에게 이 책을 바칩니다.

사랑하는 나의 불안에 이 책을 바칩니다.

사랑하는 나의 행복에 이 책을 바칩니다.

사랑하는 나의 집에 이 책을 바칩니다.

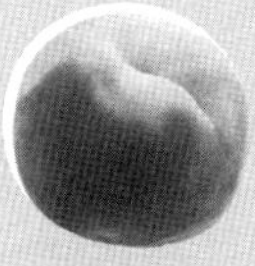

집에 있는데

집에 가고 싶어요

꽉꽉 잘 익은 과일 먹으러요

나의 집은 어디에

자유와 사랑이 없는 집은
남의 집일 뿐
자유롭고 사랑하고픈 내가 가득한
나의 집은 어디에

집에 있으면 뭘 하나
다른 집을 꿈꾸고 있다면
떠나거나 머물거나
잊거나 용서하거나
외면하거나 안아보거나

집에 있어도 집에 가고 싶은 오늘은
잘못 끼워 맞춰진 걸까?
완벽하게 맞춰질 수 없음을 또 잊고
집에 있어도 집에 가고 싶다

오, 나의 집
나의 그대, 나의 사랑, 나의 자유

완벽하지 못한 것들에 대한 사랑
불만투성이인 것들에 대한 사랑
자유롭지 못한 것들에 대한 사랑

사랑만이 자유이고
자유만이 나의 집

나의 집은 어디에
나의 집은 어디에

우리는 무엇 때문에
이리도
열심히
서로를 탐하고 있는 걸까?

향취

바라보는 향취에 매달린 꽃봉오리 하나
더운 꽃봉오리가 사무치게 시려워
괜한 파도를 장구질한다
순진한 척 밀려오는 봄에 뜨는 온몸

지루하고도 질긴 투정 끝에 은근한 내음이 간지럽혀
정을 붙여 꽉 쥐어 보니 글썽이는 눈물이 가득이다
코 빠뜨려 뜨지도 못하고 잠수만 한다

끼인 가지가 하필 혼자였던지라 이리도 어색하다
곧이어 만개할 꽃 향 수줍어 파도에 사무친다

꽉 끼인 과일

과일을 집어 이리저리 살펴보는 손길에 달아오른 몸이 자꾸만 구석으로 기어들어 가는 이유는 흠집 난 껍질이 부끄러워서였지요

진열대 가장자리 꽉 박혀 흠집은 가리고 빼꼼히 드러내어놓은 부분은 아직 먹을 만하다며 울부짖는 빛깔을 쏟아내었지만 물러터진 속을 따라 늘어져 곧 상해버릴 과일이 되고 만 거예요

당신의 손길이 느껴져 습관처럼 몸을 돌렸어요 흉 가릴 구석에 찾아들 생각부터 했지만 이미 물러터진 몸은 굴러갈 단단함조차 가지고 있지 않았지요

고개라도 돌려 보지 않으려 할 때 아주 딱 맛있게 익었구먼, 망설임 없이 깨물어 나를 담아 가는 당신의 입과 혀

삼켜질 적에 당신의 목구멍을 빤히 쳐다보았어요 상처투성이 내 한 몸도 당신의 목마른 단 즙이 될 수 있구나 당신의 손가락 사이로 흐르는 단 내음이 될 수 있구나

울부짖던 껍데기는 거침없이 벗겨지고 알맹이는 달게도 넘어가 진열대 오른 것이 유일한 행복이던 과일은 없어져도 좋을 행복에 대해 당신의 목을 타고 내려가며 꼴깍 생각하였어요

커피를 많이 마시면 오줌이 마려워

함께하는 시간은 늘 별것이 없지
같이 앉아 입을 작게 벌렸다가 크게 벌리며 밥을 먹고 입가심 커피를 한잔하며 잦은 노곤함에 대해 긴 토론을 하고 의자에 기대어 손이나 만지작거리다가 할 말을 찾곤 하지 물끄러미 쳐다보는 테이블 위의 냅킨을 눈두덩이에 가져가 덮곤 혹여나 부끄러움이 가려질까 괜히 들었다 놓았다

그런데 지금은 별것 없는 게 별것 없는 것도 아닌가 봐
밤새 사고 친 오줌싸개 걷는 모양으로 주춤거리고 섰지
닿으면 떨리는 가슴이 사랑 때문만은 아닌가 봐
물어볼 말도 할 말도 참 많은데 툭하면 찢어질 티슈처럼 눈물이 젖을까 다른 할 말을 뒤적이고 있으니 말이야

물끄러미 쳐다보는 커피 잔을 잡은 손을 살며시 가져와
나의 눈 위에 두고 너의 부끄러운 눈을 가려버렸지
마주 보면 빠질까 두려운 마음을 이 손이 덮어줄 수 있을까?

너는 이런 나를 장님 같다 놀리겠지만 너의 손안에서
터진 웃음에 나는 결국 너를 마주 보고 말 거야
함께하는 시간은 늘 이리 별게 없지
눈 크게 맞춰 입 벌려 웃는 시간이 아쉬워
괜히 손만 들었다 놓았다

사랑의 역사

정아, 빈 서랍인 줄 알면서도
달그락달그락 뒤적이던 나를 보셨습니까
빈집인 줄 알면서도 기웃 기웃이던 나를 아셨습니까

채우려다 달그락거리는 소리만 더 요란해질까
열었다가도 다시 닫아버린 나를 보셨습니까
앉을 의자라도 하나 들이면 그만 구부정해질까
맨바닥에 벌렁 누워버린 나를 아셨습니까

나는 껍데기뿐인 빈집
바람이 휑하니 지나는 통로로 시려워도
원래 그런 줄로 아는 빈껍데기입니다

정아, 요란해도 괜찮다며 이거저거 하나씩
나도 몰래 서랍 채우는 그대의 뒤통수를
물끄러미 바라보던 나를 아셨습니까

꽉 차는 그대의 부산스러운 움직임에
나는 빈 바람을 잊었습니다
나는 빈집을 잊었습니다
나는 빈속의 나를 잊었습니다

정아, 그대 오셨습니까

행성 6, 23154번 행인의 장례

애달아 흩뿌리던 고독과 그 뒤의 애인愛人이란
밤의 빛에 담가 절인 다음 어느 선선한 날 꺼내 담아
텃세 부리는 들불에 어정쩡한 모양새로 뭉근하게 달여
내는 인애仁愛

낮은 밤을 위하여 존재하는 고로 불어터진 입술에 색
이 감돈다
환한 낮 스미어 펼치는 밤 다닥다닥 노는 비를 받쳐
쓰고
조용히 가라앉은 웅덩이에 묵은 돌을 던진다

맞닿은 달에 붉은 해가 뜨니
해 뜨니 낮이 밝다는 낮 행인의 말은 의미가 질린 지
오래
네가 있기에 해 뜨지 않아도 언제나 눈 뜰 것을 안다

행인 1: 밤과 낮은 다른 거야
행인 2: 밤이 낮을 위한 거야
행인 3: 낮이 밤을 위한 거야

지나가는 나: 낮과 밤은 없는 게 아닐까?
눈을 감은 나: 낮과 밤은 같이 있어. 낮에 달이 묵고 밤에 낮이 나뉘어 비치는 거야

행인 1: 헛소리야. 정신 차려
행인 2: 밤이 너무 밝아서 죽고 싶어
행인 3: 낮이 너무 밝아서 죽고 싶어

나란히 눈을 감고 누운 나: 네가 너무 이뻐서 그냥 죽고 싶어

당신과 나란히 누운 방 한 칸

내 몸에서 당신 냄새가 나는 것 같아

당신을 그리워하매
시간은 전속력으로 달리고 나는 당신을 끌어당겨 꽉
머금어보아
흘러넘치는 당신의 향기

지겹고 지겨운 나를 벌써 걱정하여
괜스레 느리도록 걸어보기도 해

당신을 그리워하매
시간은 간섭지 않고 당신을 붙였다
떼어내려 해도 당신 내음이 차올라
당신 냄새가 내 몸에서 나는 것 같아

똑같이 들어선 익숙하지만 낯선 길에 머무는 당신
당신을 그리워하매
시간은 설웁지 않고 한참을 앞선 시간에
당신을 가져다 놓아

나는 달리 살아가는 모습을 그리울 수가 없어
어둑한 천장 올려보아도 매일 눕게 되는
당신이라는 꿈 한 칸

나는 몰랐어요

손끝에 네 마음 걸렸는데
그게 이리도 달지 누가 알기나 했을까요

축축한 눈가에 네 우스갯소리 피어나는데
그게 이리도 우스울지 누가 알기나 했을까요

사랑은 돌고 돌아 우리 깍지를 끼고
마음은 돌고 돌아 삭은 슬픔을 잊고

약속이라도 한 듯 돌아 스치운 손
그게 이리도 감겨올지

나는 정말 몰랐어요

우주를 달리는 찌그러진 냄비

바랜 음악에 흐르는 흑백 영화 한밤 지새운다 귀에 무언가 터진 걸까 머무는 진동에 몸 뜨어 산소를 가득 채워 숨 달리는 너라는 우주 공간

이 가볍고도 무거운 헤엄에 나는 날마다 안색에 균열을 더하지만 정작 철은 들지 않아 강철 덩어리 우주선에 배를 발랑 뒤집고 너를 태우고만 있다

커피라도 한잔 마시면 좋을 텐데 너와, 홀로 꼴깍꼴깍 넘기다 끼익, 급정거에 우당탕탕 온몸이 철퍼덕 찌그러진 냄비처럼 우주의 우리에 붙어 홀로 반복하는 무성 영화

중력이 없는 게 맞아?

자꾸 붙고야 마는 너라는 무중력

편지 고백

나는 줄곧 당신에게 편지 쓸 생각을 하고 있었지
게을러진 입술과 가쁜 가슴을 부여잡고
손가락을 겨우 움직여 몇 자를 묻다가
결국은 담담한 몇 마디로 점을 찍었지

쓸쓸한 마음에 흐르는 말이란 보통은 웅얼거림이 다이기 마련이었어
어느 날 용기를 내 달싹거렸을 때도
우왕좌왕 눈 둘 곳 잃고 웃음만 떨었을 뿐이지

모르는 게 많았을 땐 아는 게 많았는데
아는 게 많아지니 모르는 게 늘어났지 뭐야,

줄곧 나는 몇 자를 그리다 몇 장을 덮고
아니야, 아니야 한 자도 적어내질 못하고 말았어

가다듬은 앉음새에 비장한 목 가눔이 곁들지만
오늘 쓰고 내일 뿌리칠 수 있을지는 아무도 모를 일이
었어

그래, 나는 줄곧 당신에게
편지 쓸 생각을 하고 있었어

그대를 그리워함에는 그림자가 없습니다

얼기설기 엮어내 둥지 튼 그대의 발끝엔 그림자가 없어서 유리창 문질러댄 손가락엔 묵은 바람이 지나고 한낮의 다 큰 어른 잠이 들고 아이가 깨어나면 그리움 열 장 쓰는 한밤의 숙제가 미뤄오네요

그대는 누구신가요 스치는 시간에 엉겨 잔뜩 놀라 안겼다 하루의 시간을 그대로 다시 허무히 풀어냅니다 중천 아프도록 밝은 그대 발끝에 있을지도 모를 그림자를 찾아보면서

시간에 늘어난 내 그늘만이 그대의 그림자인 듯 나는 나를 쉬이 굴려 묶고 끈질긴 흔적을 벅벅 닦아냅니다 그대를 그리워함에는 그림자가 없습니다

그대는 누구신가요
그대는 어떤 사람인가요
그대를 그리고 있습니다

떠오르지 않는 시상

행복한 시인의 시상은 떠오르지 않는다
먹고 자라난 글밥은 관성으로 매양 고통을 짓고
때 이른 청계천 하루살이의 혼란한 날갯짓과
물살을 거스르는 잉어 새끼의 제자리 헤엄도
동트어 나란히 걷는 볕 따라코져
그저 예삿일이 되어버리는구나

행복을 고민하던 시인은 떠나고
그저 행복에 달아오른 한 마리의 날짐승만이
숨어든 왜가리를 찾아본다

왜가리야 너는 왜 고개만 갸웃이 내밀었느냐
사람들이 너의 긴 목을 부러워하매 부끄러워
수풀 속에 몸을 가리었느냐

행복한 시인의 글은 그늘 속에 숨어들고
낮게 날아든 한 몸 뉘일 곳 찾은 시인은 빼꼼히 남아
반짝이는 물에 흐드러지게 웃고만 있구나

무한의 빛

넌 참 이상하게 생겼구나
돌아오는 메아리는 외롭고
돌아가는 슬픔은 의연하니
거칠고 메마른 산세에 미끄러지듯
사막으로 나동그라졌지

내게는 한마디 말 소중한 어둠이 있어
무대가 끝나고 암막이 내리면
홀로 관객 있을 곳 망연히 응시하고 떠나는
쓸쓸함 있지

커튼 사이 연주하는 선율과 전해지는 박수 속에
먼저 건네는 초연한 장미의 말이 그리웠지

어둠의 장막은 무대가 내리고도 계속되고
익숙한 눈에는 별것이 아녔어
틈 사이 침루한 칠흑의 손이 빛나기 전까진 말이야

넌 참 이상하게 생겼구나
돌아가는 슬픔은 외롭고
돌아오는 메아리는 의연하니
어둡고 차가운 사막을 홀로 빛내며
걷고 있었지

내게는 창연히 아름다운 말 한마디 있어
암막이 걷히고 무대가 시작되면
홀로 관객 있을 곳 난안히 응시하여 연주하는
사랑 있지

무대가 끝나고 장막이 닫힐 때쯤 박수는 멎고
너의 손은 차가우니 마주 잡아 이 울리는 곳을 떠나자

무대가 끝나고 어둠은 계속되었지만
익숙한 눈에는 별것이 아니었지
칠흑의 손을 빚어 성두가 되니 아주 그럴듯이
밝아졌으니 말이야

아주 이상하게 생긴 사막의
초연히 피어난 별의 장미를 안아 들고
진한 내음 크게 들이쉬어 달리는 손엔
시간이 없었어

트루 로맨스

뭐라고 설명하면 좋을까?
잡힐 듯 잡히지 않는 하루살이를 잡아 손을 펼쳐보니
나비가 날개를 펼치고 가만히 앉아 있는 거야

날아갈 듯 날아가지 않는 샛노란 날개를 까닥이며
더듬이로 손을 훑으며 가만히 숨죽여 있는 거야

살짝 날려도 보았지만
주변만을 왕왕 맴돌고 있는 거야 둥근 빛처럼

날아가도 된다고 굳이 말해주어도
꼭 다시 돌아와선 껄떡이는 낮처럼 웅웅대는 거야

잡으려 하면 잡히지 않고
놓으려 하면 놓치지 않는
날아갈 듯 날아가지 않는

그거,
바로 사랑

사춘기 향

날 수 있을 거라 생각했어
흙먼지를 털어 넘겨 텀블링으로 공중회전을 하고 앞에 달리는 얄미운 등을 가뿐히 뛰어넘어 이기는 꿈을 꾸었지 의기양양한 미소 뒤에 쫓는 눈동자 속 그려진 그 아이를 나도 좋아했거든 아무도 내 맘을 몰라

들키지 않으려 뒤통수에 눈을 달고 손끝에 귀를 열고 웅얼이는 그림자 속에 사뿐히 날아와 앉은 깃털처럼 아찔한 향이 내 맘을 간질여 기침해도 아무도 내 맘을 모르게

너무 좋은 향은 가만히 있어야 오래 머무는 법이지 잃기 싫었던 향이 아마도 내 눈을 반쯤은 감기게 했나 봐 나는 알고 있었는데 그 아이의 눈도 나를 보고 있었단 걸 그럼에도 나는 잃고 싶지 않았어 그래서 널 잃고 말았지만 말이야

그래도 말이야 내게는 하나 남은 게 있어
바로 사랑을 기가 막히게 맡아내는 이 코! 킁킁,
아, 어디서 또 향이 날아오는 것 같아

창가

집 앞에 있는 편의점에서 맥주 한 캔을 사 와
당신이 오기까지 방 한 칸에 한 칸 있는 창문을 열고
밖을 내려다보았어요

다른 것들은 몰라도 언제고 올 것인 당신인 줄 알면서도
기웃이는 습관이 벌써 몸에 배었나 봐요

다른 모든 것들과 비교하여 당신을 제일로
다른 모든 것들을 배제하고 당신을 내일로
맥주 겨우 한 캔으로는 취한 내 마음을 따라갈 수는
없겠지요

수삽스런 침묵

나는 서로를 다 알아
잦아드는 말소리와 동행하여
잦아드는 사랑이 아슬히 슬퍼
소리를 토해내며 사랑을 채우려 아주 애쓰곤 했지

나는 이제 젖어든 세월에 사랑을 묻어
다 아는 것이라 슬근히 지워내려 했지만
침묵으로 스며든 수삽스런 사랑이
소리 내어 말하는 그 한마디에
모르는 걸 다 채워버리고 말았지

그건 바로 아,
사랑

서장, 누운 장미 한 송이

퇴근길 장미꽃에 생각이 났다며
한 송이를 주워 나에게 선물하곤
사랑한다 고백하던 그 미소

볕 잘 드는 서장에 꽃을 놓아두곤
사랑한다는 말도 함께 말려둔다

어느 날 가만히 시들어 누운 퇴근길의
서러운 꽃이 내게 속삭이는 말
나는 시들어도 사랑은 영원해

사랑은 영원하다고
시든 모양에 괜한 서글픔 자처할
나를 걱정한 모양이다

나는 시든 모양새 서글프기보단
시들 걸 알고서도 한 송이 집어 나에게 온
그 손 모양새 너무 귀여운걸

꽃은 시들어도
서장에 누운 자리, 영원하다는 걸
그대는 알기나 알까?

이리도
많이 머물고 있다는 걸

무궁화 꽃이 피었습니다

느릿하게 흔들리는 주홍의 풍선
멍하니 바라보다 가느다란 흰 선 끌어내니
두 볼에 풍선이 피었구나!

무궁화 꽃이 피었습니다
쳐다보면 없는 척 쳐다보면 아닌 척
터질 듯 여문 아슬아슬한 꽃

줄줄이 잡아내어 품에 넣다 풀어내 선으로 까딱까딱
지금 이대로 떠서 공중을 날아갈 수도 있어
예쁘고 고운 낯에 닿으면 꼬옥 안아줄 거야
꽃 터질 그 자리에 필 생각에 아슬아슬

무궁화 꽃이 피었습니다
이제 쳐다보면 내달을 차례,
품으로 끌어안아 맞닿은 적소에 꽃이 솟구칠 거야

터졌다!

키스

나를 표현해주는 너의 말이 있어
방심하면 넘어갈 술수라 정신을 똑바로 차려야지
나에게는 말이 없어도 말을 해주는 너의 술이 있어
까딱하면 풍덩 빠질 술수라 조심히 발 머금어야지
세로로 쭉 뻗은 수로들에 길길이 고아 훑고 지날 때
정신이 아득해질 술수라 차분히 몸을 뉘어야지

아래위로 붙었다 떼지는 붉은 어둠으로 나뒹굴까
고개를 좌우로 흔들지만 나에겐 이미 머금고 있는 말이 있어
매번 실컷 빠져 푹 젖고 마는 너의 술이 있어

안 되겠다 부딪혀 수로를 걸어보자 달려보자 넘어져보자
나에게는 가득 담긴 너의 술이 있어 정신을 똑바로 차릴 수가 없네
정신이 아득해질 술수라 안 되겠다 그저 몸을 뉘어야겠다 나란히 포개야겠다 가만히 잠기어야겠다

도착지

지금껏 순간의 진심이 아니었던 적은 없지만
매번의 바람이 덜했던 적은 없었지만
모든 시간이 그댈 향한 나직한 발걸음이었습니다

묵묵한 마음과 눅눅한 눈물이 꾸욱 새겨진 가슴에
손 내밀어 만져줄 그댈 향한 나른한 여행길이었습니다

모든 진심은 지금의 멈춤을 위한 것이었군요
지금, 이 순간 내 안의 그대를 위한 것이었군요

존재

지구 위 수많은 존재 중
긴장되고 피로한 하루 끝
마주 앉아 먹는 도란한 그대

도란도란

별말 없어도 별것 없어도
알 것 같은 편안함
행성을 뜨지 않아도 날 것 같은
그대라는

중력으로 비행하는 법

찌르르 흐르는 강물처럼
그대의 입술을 타고 미끄러지는 열기에 맺힌 땀방울
쭉 뻗은 등줄기를 따라 손가락을 걷습니다

잘라도 잘라도 어느새 자라 있는 손톱처럼
물고 뜯어도 무언가 모자라는 하루의 끝에 걸린
마음이 한밤의 아쉬움으로 남아 가슴을 두드립니다

저기 저 먼 행성에 흐르던 물의 흔적을 발견한 과학자
처럼
그대를 두드려 담은 두 우주 속에 나를 던져
중력이 없는 공간에 남아 정거장을 짓습니다

매달려 끊어질까 꼭 잡은 손끝에 잔뜩 그대를 물고
어지러이 시작한 활공 불 피워 가열한 시동
우렁찬 소리로 박차 우주의 여행길에 오릅니다

달음박질 뱉어낸 나의 숨은 그대의 귓가에 걸리고
나는 알 수 없는 아릿한 마음에 시려 미래를 꾹꾹 눌
러 담아
그대의 목에 눈에 코에 키스합니다

숨 가쁜 땅을 등진 나의 어둡고도 반짝이는 하늘
터지고 마는 예고된 예상치 못한 울음 속

입꼬리 끝에 매단 그대의 중력으로
나는 실컷 소란을 떨며 얼굴을 풀고 닦아내고
그대 숨에 걸린 미소를 입술로 담아냅니다

풀썩 옆으로 안아 누운 품에
떨리는 무게추 가득 머금은 비행,

그대라는 중력입니다

CPR

뒤틀린 감각 잡아먹힐 듯한 땀에 젖은 공기와 잔뜩 오른 숨
내뱉는 한 줌 갈증이 아까워 입속으로 주고받는 너의 바다
바스라지는 정신을 아득히 꼴깍이다 넘어가는 울대 찬란한 절정을 바라본다

헐떡이는 파도에 밀려 해안으로 실려 오다
마주 물어 전하는 터질 듯한 열기
달리 뱉어내지 못할 폐에 바닷물이 가득 찬다
옮겨지는 숨 퍼 올리는 바다 다시 마주한 생
터질 듯한 울컥함과 박동하는 너의 CPR을 놓지 못하고 나는 숨 멎도록 고동치고 있다

누룽지 백숙

이 안에 범인이 있어
고이고이 고아 삶은 부드러운 백숙의 살이
타기 직전 솥에서 몸을 뗀 누룽지에 섞여들어
이렇게 자연스럽게 입 안으로 꿀꺽
숨어들 수가 있나

적절히 소금으로 양념한 타오르는 살점과
적절히 불 맛으로 구워진 밥알들이 녹아들어
이렇게 부드러이 혀 안으로 미끄덩
들어올 수가 있나

이 안에 나와 누룽지 백숙 먹은 범인이 있어
이렇게 맛있을 수가 있나 꿀꺽
아주 그냥 벌써 또 먹고 싶어지네

청포도나무 아래에서

미지근한 바람이 지겨워 아무것도 없는 하늘을 구깃 쥐었다 다시 펴낸 천둥우 쨍한 한여름 해가 횟빛 하늘 떨어지는 빗방울에 뺨을 세게 맞고 열상을 피워낸다 내닫는 천둥소리!

끔쩍 놀라 누가 볼세라 눈썹 치켜뜨고 노려보는 하늘 아래 흔들리는 머리칼 흔들며 앞이 보이지 않는 모양새 황망히 쳐다본다 느껴지는 기척에 이리저리 시선 맞추다 발견한 빗물을 맞고 선 으깨어진 청포도 한 알

용솟음치는 진흙에 으깨어진 알 문대어지고 마음은 난데없이 발치께로 떨어진다 알아볼 수 없는 청포도 향에 취해 눈 감는 미증유 쭈그렸다 튕기는 빛처럼 천둥우 아래로 미끄러진다

뺨 할퀴어도 팔 벌려 내려치는 비명 잔뜩 부풀어 오른 몸짓 으깨어진 포도 버무려진 질퍽한 음 붙잡힌 발 신이 나 돌고 돌고 또 돌고 돌고 또 돌고 울부짖는 천둥소리!

번쩍 멈춰 눈 떠 진흙 속으로 빠져든다 축 처진 붉은 뺨에 식은 빗물 흐르고 가슴께로 차오르던 청포도나무 아래 두 눈 진한 내음 한입에 머금고 묻힌 흙

눈 감아야 영원하겠지 푹 젖어야 마주치겠지 나를 가만히 지르보던 청포도나무 아래 빛나던 갈색의 두 눈!

사랑 상자

냉랭한 말소리와 절도 있는 몸짓 속에
사랑을 찾으려 애씀을 집어던지고

홀로 지나는 시간을 한 마디씩 짚으며 헤매다
손끝에 걸린 흙 속의 나무판자 하나

흐드려 파보니 온기 스민 미소가 떠오르고
고동이 느껴진다

매 순간 찾아 헤맬 수밖에 없었던
어디에 있을지 모를 그 옛날의 박동

차가운 상자 속 따스한 당신의 사랑
꼭 있을 곳을 뒤적여 꺼내 든다

다시는 사랑이라 부르지 않으리

내 좁은 세상을
다시는 사랑이라 부르지 않으리

갇혀 부는 위로주 한잔에
더는 눈물 흘리지 않으리

눈물 흘려 아픈 사랑을
나의 세상이라 부르지 않으리

마주 보아 눈물 차오르는
저릿한 행복을 나의 사랑이라 부르리

마주 잡아 크게 밀려드는
벅찬 세상을 나의 사랑이라 부르리

진심

진심으로 사랑함에 대한 집착을 끝내니
사랑하다 보니 진심이었음을 발견할 일만 남았구나

매번 필요하던 진심은 소유였음을
소유를 버리니 얌전히 걸린 진심을
살포시 두 손으로 들어 올리면 되는구나

그대를 진심으로 사랑하기에
손 불어 날아가는 모양새 즐거이 볼 수 있음을
오래 몰라 이리도 슬픔의 가심이 없었구나

오늘의 색은 파란색

먹고사는 일이 해결되면
여남은 일이야
삶에 의미를 더해가는 일이겠지

덧칠하고 덧칠하고 덧칠하고
결국 까매지면
다시 새하얀 종이를 꺼내 드는 일이겠지

오늘은 비가 오니 파란색
내일은 해가 뜨니 노란색
모레는 그대 보니 빨간색
매일의 빛깔을 즐기며 칠하는 일이겠지

여남은 일이야
그런 일이겠지

욕심

더 자유스러운 사람들의 삶에 알람이
울리기라도 한 듯

무얼 해도 부족하고 안고 있어도
더 안고 싶은 채우지 못하는 욕심에
갇히기라도 한 듯

원하지 않으면 자유로워질 수 있을 거라
외로운 홀로서기에 얽매이고
원하는 비행 나서지 못하는 꺾인 새처럼
절뚝였음을

그대를 가득한 모양으로
눈을 크게 떠보니
날아오르고 싶음을

무얼 해도 아니 슬프고
안고 있어도 더 안고 싶음이 욕심이 아님을
그저 그대임을

푸드덕 떨어보는 날갯짓에
벅차오르기라도 한 듯

텁텁한 혀끝에 그대가 걸렸는데
그게 이리도 단지
축축한 눈가에 그대 웃음이 즐거운데
그게 이리도 스치는지

돌고 돌아 깍지 낀 사랑이 그대임을
돌고 돈 마음은 그저 슬픔을 잊기라도 한지

알몸은 아니고 푸우 정도

향수 덜어내고 옷 덜어내고
왁스도 덜어내고 신발도 덜어내니
펑퍼짐한 늘어진 티셔츠 한 장 입은
도심 속 츄리닝 도인이 남았다

향수 뿌리고 옷 잘 입고 왁스 칠하고 신발 높이면
사랑할 줄 알았지 사랑받을 줄 알았지

이제 그런 사랑 필요 없다

어차피 사랑은 도인이 하는 짓 도인이 되어가는 일
내가 도 닦는 중이란 걸 눈치 못 채는 그런 사랑 필요
없다

발가벗어도 벗지 않은 것처럼 부끄럽지 않은 티셔츠
한 장에
진또배기라는 걸 향수로 옷으로 왁스로 신발로 가르쳐
주며 하는
그런 지긋지긋한 뭐시깽이는 이제 필요 없다

살이 오르는 이유

고파 보다 보니 식욕이 솟고
솟아 머금고 보니 시간은 절로 가는구나!

가라앉은 시간 숨에 불어 넣고 마음을 골라보니
어느새 가득 찬 영원을 버텨낼 양식이 곪았구나

계절 지나 옷 벗기는 자연의 순리에 생이 차오르고
따라 오르는 숨에 탐하고 보니 저녁때를 놓쳤구나

밥 한술 먹으러 가야지 국 한술 뜨러 가야지
자꾸 품에 두고 싶은 그대 한숨 재우러 가야지

도 닦는 도시의 밤

"우리 도나 닦으러 갈까?
머리 빡빡 밀고 저기 저 산속으로 들어가는 거야!"

하는 일이 더럽고 치사하여 이야기 나래를 펼치는 밤

(푸념 소리)

"도 닦으려면 우리 금욕해야 하는데?"
"아…. 못 해, 못 해"

(빠른 포기)

"섹스도 하고 도도 닦을 수 있는 곳은 없을까?"
"세속!"

"어우, 짜증! 세속밖에 없어? 그래도 서울은 말고 경기도 쪽 세속에서 살자. 외곽이 나은 것 같아. 예술 영화 보러 서울에 왔다가 드라이브하면서 집에 올 수도 있고. 짜증 나는 얼굴 보기 싫을 땐 산으로, 바다로, 들로, 근처에 가면 되고"

"그래서 경기도 쪽 세속 아파트가 얼마더라? 거기도 많이 올랐던데"

"거기도 비싸지"

"아휴, 세상 살기 힘들다. 세속 살기 힘들다. 섹스하면서 도 닦기 존나 힘들다!"

춘삼월 성실한 낭비

새끼 머리에 젖은 땀방울

다 걷어 제낀 이불 속에 곤히 잠든 전기장판의 열기

낭비다 싶다가도

돈 낭비 시간 낭비 인간사 제일인걸

성실함도 병이라면 병이라

몸 찬 당신에게 내 줄 수 있는 건

뜨끈한 전기 한 판

밥도 술도 싫고

면도 커피도 질린

배부른 당신은 어째 매일

배가 고파하는지

늘 내어줄 수 있는 건

와이파이 비밀번호 종이 한 조각과 전기 한 판

지진다

당신을

아니,

성실을

나룻배

사랑 없는 사랑의 추억을 사랑으로 맴도는 나룻배는
무얼 하느냐고 당신은 내게 물었고 나는
그 자리에 잠긴 바다를 물끄러미 바라보았지

저기 저곳의 바다가 왜 아직 싱거운 맛인지
당신은 입맛을 다시며 내게 물었고 나는
그 자리에 치는 사막을 파도가 알 거라 답했지

수평선에 어수룩한 해도 뜨거운 바다와 입맞춤을 하는데
당신은 내게 도무지 왜 뜨지 않느냐는 물음에 나는
다시 잠수할 그 자리가 가늠되지 않노라 답했지

무언갈 부는 뿔피리의 진동은 음악의 선율을 끝없이
진열하고 나는
반주 없는 몸짓으로 어색하니 옷깃을 스쳐
광낸 파도를 흑색의 발로 담가보았지

발목까지 차오른 살에 색 감도는 맛이 이상하여
튀는 물방울 하나 집어삼켜보니 달기도 하더군
잔잔한 해안가 슬근히 지려 하는 해를 물끄러미 보다
입을 맞출 때에 미끄러지는 나룻배를 슬쩍 건네었지

무얼 하느냐고 당신은 내게 물었고
나는 어디 가서 객사는 안 할 거라며 파도 속 미역 둘
둘 감긴 닻을 끌어올려
덩그런 배에 난데없는 색을 칠하고는 덜거덕덜거덕
향이 진동하매 헤쭉이 답했지

건져질 준비를 하고 있었노라고

솜이불 야수

딱 말라붙은 침대 커버에 털이 붙었다
아늘거리는 먼지를 잡아 붙들고
뭉친 어깨를 먼지 털듯 분다

엉겨 타는 머리를 정성스레 땋곤
양초의 심지라도 된 척을 떤다
다 탈 때쯤 견딜 수 없을 뜨거움은 잊고

물을 끼얹으면 풀릴까
불에 꼬실르면 풀릴까
몇 년째 풀리지 않는 어깨를 주물럭대지만

당장 주무르는 건 이불 위에 감기던 매무새
단장을 하고 부는 비가 올 것 같아 들이쉬는 바람이다
털투성이 커버가 둥지라도 된 모양

지저귀는 생生 겨우 배워 나는 비행과
배우지 않아도 나는 새끼의 반복을 물끄러미 떠올리다
탈 것 같은 부끄러움에 나는 법을 잊고 침대를 웅크려 삼킨다

끝없이 흐르는 물소리에 잔뜩 담고 움켜쥐는 말라붙은 자욱
눈을 감으면 스미는 잔상을 털어내지 못한다
어깨만 연신 만져대고 있다

백야

네 속을 휘저어대던 손끝 냄새를 맡는다
나의 손끝은 가리지 못해 그슬려 깊은 명암으로 그어졌다
흑은 백을 향하고 백은 숨은 속살을 찾아들어 그슬음을 털어낸다
나는 세상 사람들이 말하는 것과 거꾸로 서 있는 중이라 내 살이 내 살을 만질 때는 속박됨을 느낀다
내 살이 다른 살을 만질 때만 반듯이 자유로움을 느낀다
그래서 네 속을 휘젓고 날 가둔다
거스른 뜻과는 반대로 허옇게 질린 모습만 드러내는 게 싫다
어두운 속에 들어앉아 애달픈 그림자를 벗긴다
아, 자유롭다!
너의 검은 속에서 난 자유롭다!
검은 나로서 온전히 있을 수 있는 흑의 공간!
마침내 내 백의 공간!
냄새를 맡는다
그 옛날 탄내가 나는 것 같아 자리에 퍼져 쓰러진다

타오르는 밤에 허연 살갗이 탄다

아, 자유롭다!

네 속에 낀 나의 명암, 난 자유롭다

불시착 입맞춤

그대 눈을 들여다보고 있으면 나는
어느 이상한 행성 불시착한 외계인이 돼
갈색의 지층에 덮인 투명한 빛이 감돌아
본 적 없는 터전을 찾은…

대기에 들어서면 갓 구운 품 내가 나를 감싸고
계속 들여다보아도 지겹지 않은 모습
망원경에 눈이 빠지도록 쳐다보았지

몇 번의 공전 후에 마주한 건지 모를 우주에서
그대 마주침에 나는 낙하 착륙
가만 쳐다보지 못하고 끝내
그대에게 입을 맞추고 말았지

파도의 꿈

매양 지겹도록 같은 자리에 치는 파도도
어느 빗줄기 세찬 날은 먼바다를 꿈꾸겠지
같은 자리 맴돌아 멀고 먼 곳 가보지 못함에
부는 바람을 붙잡고 안기어 소리 내 울겠지
그러다 어느새 먼바다의 심해에 도달했음에 놀라 두리번거리다
다시 모래 위에 나뒹굴며 떠밀릴 날을 꿈꾸겠지
그렇게 파도는 매양 다른 자리에서 같은 자리를 꿈꾸며 살아가겠지

심해 정거장

바닥에 닿았다고 생각했는데
거의 다 와간다며 끝도 없이 끌어당기는 회오리를
나의 헤엄이라 여기며

달관하는 심해 빨려드는 거꾸로 된 이 산을 둘러본다
다시는 보지 못할 빛이라 속삭이는 바다의 나무들
저기 저 정거장이 내가 내릴 정거장이라고 가리키며
잔뜩 글썽여 애원해도 가라앉는 몸

이내 코피가 터져 나오고 마지막 거품이 내뱉어지는
순간
끼어드는 삶의 온기

이 세상을 숨 쉴 수 있게 해주던 너의 미소

미아역

검은 우주의 미아처럼 수중을 떠다니다 빛으로 나오면
누군가가 나를 수유하며 버텨내는 끝도 없이 도는 선로

미아역을 지나면 수유역이야
헤매다 잡은 너의 젖가슴에 매달려 빨아대는 생을 비
비는 집착
다음으로 다음에는 다음 역은
수유역이라고

나를 살려달라고 달려드는 역에 정신을 던져 몸을 박
제하는 짓
다음으로 다음에는 다음 역은
수유역이니까

달은 원래 차가운 돌이야

툭, 떨어질 듯 생겼다

댕강댕강 매달려 겨우 하나를 살아내는 달을 닮은

억지로 끼워 넣은 단어가 돌무더기 속에 고개를 내민다

반사해대는 욕심이 참으로 맑구나

비가 오는 새벽 창에 내다 꽂는 빗줄기가 우는 우기

지천으로 젖은 땅은 나직이 널려 있고

네 사주는 약해

소용없을 점장이의 외침이 고요히 뜬다

잘 사는 게 무얼꼬

떠내려가지 않고 버티는 돌 하나를 지르밟으며 건넌다
오늘도 하나 던져보는

풍덩, 아무리 어두워도 달이 빛나지 않은 적은 없구나

때깔 좋은 글

현생이 힘들어 글 생 짓는 글쟁이가 되어볼까 했더니
생떼쟁이만 되었을 뿐이다
현생을 잘 살고픈 욕구대로 생생하게
누군가는 이기적이라 삭막한 거라 할 테고
누군가는 잘 생각한 거라 그런 거라 할 테고
누군가는 관심도 없을 테고
상관없다 떼쓰는 생으로 무념을 지을 바엔
살 집을 요리해 뜯고 맛보고 쓰고 단맛을 모두 지을 테다
누군가는 맹맹한 놈을 원할 테고
누군가는 간간한 놈을 원할 테고
누군가는 있는 대로 집어 먹을 테지만
상관없다 이러고 싶을 때도 저러고 싶을 때도 있는 놈이
때깔 좋은 생쟁이다
맛있구나! 맛없구나!
그저
생이구나!

별일 없습니다

잘 만나고 있습니다만
어디서부터 어떻게 잘 만나고 있다고 말을 해야 할지
잘 모르겠습니다

종로에서 자주 만나면 잘 만나는 걸까요
강남에서 자주 만나면 잘 만나는 걸까요

그냥 우리 집에서 자주 잘 만나고 있습니다
살 부대끼며 웃음 부대끼며 눈물 부대끼며 잘 만나고
있습니다

다 필요 없는 제게 없으면 안 될 몇 안 되는 환산하지
못할 일들이
이리저리 널려 한 장 두 장 세어보며 은근슬쩍 웃음
지으며 잘 지내고 있습니다

별거 있겠습니까
그냥 그런 거 아니겠습니까

가자

삶은 내게 가르쳐주지 않았지만
단 한 번의 입맞춤에서 나는
사랑을 배웠고

그것은 그 무엇으로도
설명 못 할 환상이었지

믿을 수 없이 풍족한 황금의 들녘과
고요한 만물의 젖가슴에 고개를 파묻고
입을 맞추어 사랑에 빠진 어린아이를 깨워냈지

글은 슬퍼도 삶은 아름다우니
세상 밖으로 나가자
삶은 슬퍼도 사랑은 아름다우니
세상 밖으로 나가자

사랑은 고요해도 어린아이는 깨었으니
세상 밖으로 나가자

나가자,

나아가자

작은 나의 양

몇 번이나 뒤져보곤 했어요
침 한번 엄지에 쓱 바르고 돈을 세는 수완 좋은 상인을 멍하니 입 벌리고 보다 나는 책 한 권을 그러쥐곤 엄지손가락으로 돈 세듯 종이를 넘겨보았어요 잘못 끼워 넣은 잠투정처럼 자꾸만 튕겨져 나오는 그대를 찾아 뒤적여보았지요

어느 페이지에 숨어 있는지는 잘 모르겠지만 어릴 적 단풍잎 하나 주워 아무렇게나 끼워놓은 페이지처럼 나는 잠시 잊었을 뿐이에요
찾고야 말겠다는 팔랑이는 바람을 얼굴로 들이쉬다 보면 뻔하지만 뻔하지 않은 발견을 꼭 하고야 말 거예요

하나 둘 셋 또 하나 둘 셋

몇 번이나 세어보곤 했어요
혹여나 다른 별에서 나를 찾으며 헤매고 있을 그대가 울고 있진 않을까 망원경을 꼬옥 그러쥐곤 눈에 잔뜩 힘을 주어 그대를 멀리 내다보았어요

어느 별에 있는지는 잘 모르겠지만 어릴 적 책에서 본 별자리를 찾아 밤하늘을 손가락으로 찍어보고 맞는지는 보지 않고 별자리로 기어이 연결해냈던 것처럼 나는 잠시 놓쳤을 뿐이에요
빛이 없으면 차갑기만 한 별들이 모이면 꼭 더운 한 자리를 만들어낼 테니까 말이에요

하나 둘 셋 또 하나 둘 셋

잠이 들기 전에 양을 그려보곤 했어요
내 안의 아픈 양과 늙은 양과 염소 양까지 그 낯선 모든 양이 어느새 뻔한 양이 되어 하나하나 모두 같이 나의 양으로 길들여졌어요

이제 양들은 내 곁을 별처럼 윙윙 맴돌며 나를 매일 단잠에 들게 해 나는 마치 해 질 녘 바위에 누워 석양을 바라보는 평화로운 양치기가 된 기분인걸요
이번 꿈에 들면 상자 안에 곤히 자는 나의 작은 양도 만날 수 있을까요

하나 둘 셋 또 하나 둘 셋

그리고 또 하나 둘 셋

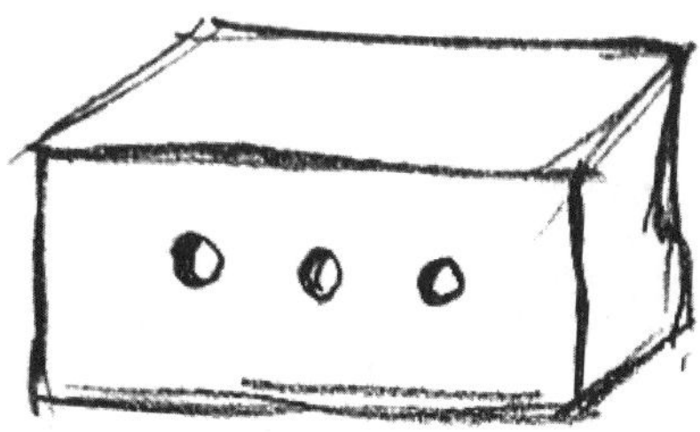

적정 온도는 몇 도인가요?

아이는 열이 오르면 짚어줄 손 온도를 위해
온도계 끝을 부서질 듯 붙잡고 미열에 취하곤 했지
누군가 웅크린 몸을 발견하면 보여줄 숫자에 짐짓 신
난 몸짓으로 맞바꿀 참이었지

분주한 바깥의 소란이 자장가로 서러울 때쯤 아이는
잠이 들고
모든 음성 멎은 밤이 잊힐 때쯤
아이는 누운 자리를 짚고 일어났지

어둑한 벽지를 가만 뜯어보았어
문을 열어 냉장고 빨갛게 익은 사과 하나를 깨물어 담
았어
주어진 온도는 냉장실 적정 온도 2도에서 3도가량

그대로 아이의 배는 찼지
삼키면 상온 2도에서 3도가량의
영양가 있는 것만 품은 새빨간 사과가 어른들이 보기엔
때깔 좋게 잘 관리된 적당한 온도였던 거야

아이는 삼켰지
그것을
가져다 놓았지
냉장실에

온도계를

울지 않고

당신을 사랑해서 나는

나는 늘 당신을 보고 있지 못했나 봅니다
나는 늘 당신을 보면서도
무너진 나의 마음이 서러워
당신이라는 뚜껑을 열었다 닫았다
본 듯 안 본 듯 그렇게 내 마음을 닫았나 봅니다

나는 늘 당신을 보면서도
그날 밤 머물러 울고 있는 나는 보지 못했나 봅니다
머무르고 싶은 당신 품에 얼굴을 묻었다 말았다
나는 울고 싶었지만 서둘러 내 마음만 묻고 말았습니다

당신을 사랑하면서도 나는
마음속 내가 아려와
당신을 물고 뜯고 뜯고 물고
떠나지도 못하고 머금었나 봅니다

사소한 몸짓에 의미를 더하고
하루 세월을 잔뜩 묻히고도
나는 줄곧 보지 못했나 봅니다

당신을 미워하는 나를 묻어두고
당신의 입술에 나를 묻고
나는 당신을 사랑하면서도
내가 서글퍼 그대로 뒀나 봅니다

나는 그날 밤 당신이 너무나 미웠습니다

그리고 그날 밤의 당신조차 사랑하는 내가

나는 너무나 미웠습니다

사계 - 아픔

흔들리는 가지 속엔
잎 떨군 아픔이 있고
햇살 뻗어 펼쳐댄 기억이 있다

눈덩이 바스라져
언 밑동에 꼼짝 못 하는 새들
비추인 별 가물할 때쯤
구부린 흔적이 바닥에 쓴다

아파,
꽃을 피워도
잎을 피워도
떨구어낸 아픔이
나는 아파

매달린 빈 사계를 쓰고
흔들려 견딘 아픔을
생각하지 못한다

날갯짓

한 번도 날아오르지 않은 날개에 바람이 든다
살짝 떴다 이내 가라앉고 마는 날개에 깃드는
추락의 공포

날개를 달고도 뛰어들지 않아
이미 추락한 걸 모르고
발이 땅에 붙어 있는 걸 삶이라 여기며

한 번도 날아오르지 못한 날개에
썰렁한 바람만 넣었다가 빼어내는 날갯짓을
하루라 여기며 돌아눕는다 재빨리도 눈을 감으면서

당신의 장례식에 서 있을 나에게

당신의 마지막 모습을 부여잡고 사랑을 했어요

당신이 떠날 그 모습에 풍경처럼 세어 있을 나의 마음을 살펴야 나는 겨우 당신을 사랑할 수 있었습니다

어느 날 흘긴 이마 위에 흘러버린 세월을 빗질하여 넘긴 걸 보고 눈물이 났던 적이 있어요

공허에 피었다 사라지는 마찰음 내가 파열되던 순간

당신은 언제나 나를 정신없이 내려치는 철의 대장장이였습니다

줄줄 땀을 내뿌리며 제련질하던 당신을

누구도 무어라 할 수 없었습니다

당신이 떠난 무언의 날에도

나는 여전히 뜨거운 쇠 도마 위에서 달군 불을 하릴없이 맞다가

수정 속으로 숯불 속으로 다시 쇠 도마 속으로

들어갈 듯 말 듯 깨질 듯 말 듯 의식이 들 듯 말 듯

풀무질하던 벌건 불꽃이 사그라지고

겨우 한 밭 농사지을 작은 호미가 되었을 즈음 비보를 전해 듣곤 허탈해질 걸 알고 있습니다

더는 미워하며 찍어댈 땅이 없음에 홀가분하지 않고 묵묵한 눈물만

머리를 울려대던 대장일이 세차게 불어오는 종소리로 남아 고개 떨궈 두 손을 모으고

당신이 당신의 일을 끝내고 돌아가는 길에

흘릴 눈물 한 방울 남지 않았던 내가

꺽—꺽— 울게 될 겁니다

허탈한 세상에 땅을 때려가며 살아남은 것이 서러워

나를 때려대던 당신의 음音

소멸함이 서러워

서울 잠긴 밤

외롭지 않으냐고, 외롭지 않으냐고 묻지만
나는 이대로가 좋아요 나는
차분히 가라앉은 공기를 마시며
나빠진 시력으로 먼 곳이 잘 보이지 않아도 좋아요
나는 선명히 읽으려 들면 곧잘 찡그리게 되던걸요 나는
이대로가 좋아요 세상에 홀로 남겨진 듯한
만원 버스의 퇴근길이 좋아요 나는
슬프지, 슬프지 않으냐고 묻지만
나는 이대로가 좋아요
붉은빛 꽁무니 쫓다 곧장 멈추게 된대도 나는
좋아요 세상에 홀로 버려진 듯한
서울 밤 나는 잠겨버린 내가 좋아요

닮은 인연

인연을 다한다는 것은
나무둥치에서 아직 살아 있는 껍데기를
억지로 잡아떼어내는 일

어차피 시간이 지나면 떨어질 껍데기일지라도
아직 붙어 살아 있던 둥치를 잡아떼는 일은
아주 고역인 데다가 그 모양새가
떨어져나간 뭉텅한 살집처럼 아주 흉측하다

보는 것만으로도 아프지만 나무둥치는 아무렇지 않은 듯
화상을 입고 난 흉터가 시려도
잎 하나 덮을 생각을 못 한다

껍데기가 훤히 떼어진 자리는
시간과 함께 무디어지고 단단해지고
새로운 껍질은 거무스름한 색으로 바랜다
아프다고 생색내듯 깊숙이 패어

보이는 눈은 서럽고
모서리의 뾰족함은 계절에 떨지만
나이테는 또 흉터를 따라 돈다

뒤돌아선 무의無衣 여인

할퀴어진 상처에서 벌어져 나온 단어
이별의 연착을 몰고 온 몰이해의 현장과
바람 덜컹대던 어느 외곽 동네에서의 뒤늦은 감식
다가갈수록 진동하는 살내 흩어지는 말로

툭 떨구어 흔들리는 중력에 머리는 달랑이고 단어는 멎고
나오지 않는 것들의 소란함은 잠들 수 없이 잊히는 수밖에
고인 혀 밖의 농축된 침묵이 눅눅히 걸려 고요한 눈에는 무無의 체념만이 남았다

구깃한 티샤스 한 장을 주워 입고 밖으로 나간다
스치는 발걸음 구겨진 나를 보고 손가락질하는 것에
매달려 사랑이라 여기는 할퀴어온 흔적
드러난 살점 가리지 않을 정도로 미치지 못한 여인
누드화 속 뒷모습으로 남은 듯 나의 몸은 흉터 가릴
주름진 티샤스 한 장

불어놓은 바람에 이리저리 휘날리며 땅에 내려앉기 위해
주워 먹는 여기저기 손가락 단어들

10개나 달렸으니 배부를 때가 되었지

아직 9개만 먹어서 그런 거야

주섬주섬 걸린 옷가지를 챙긴다

금붕어 인간

나뒹구는 계절의 부스러기가 되어 어디쯤
눈 맵게 하는 잊을 만한 먼지 한 톨
현장의 목도와 완료에 드는 의문

나는 정말 그 자리를 박차고 나온 걸까?

순수는 잔인하고 갈등은 매일의 요깃거리
비치는 틈바구니에 텁텁한 물을 끼고 자라난다
자갈은 그럭저럭 붙은 모양으로
놀랄 가슴을 채우는 수족관에 삐끔,

나는 정말 그 자리를 박차고 나온 걸까?

시작 없이 짬 많은 호수의 붕어처럼
더듬이며 피해 다니는 전에 있던 중턱
흔적은 자유로이 시간과 공간을 돈다

자유롭지 못한 몸짓과 똑 떨어진 모서리와는 다르게
엉킨 가락을 따라 도는 자유로운 부유
진동이 나부끼고 교차하는 중심으로 헤엄친다 쾅,

부르는 이는 없고 불러 설 이름 없고
매번 영혼은 꼬집히고 중심으로 중심으로
타고나길 멍들도록 타고났다 마주치는 찰나

또 친다

헤엄,

묵은 나무의 사계

삭을 대로 삭아 가끔은 녹기도 하는 묵은 나무는
때가 되면 또다시 끼없는 소낙비에 녹아 흐를 걸 까먹고
좀먹은 거친 결을 내세운다
결을 내세워 곁이 오는 건 아닌데 그리 생각하는 모양이다
때가 되면 또 가끔 녹기도 하는 우는 나무는
그렇다고 쨍한 햇빛엔 금방 갈라져 부러지고 만다
갈라져야 갈아지는 건 아닌데 그리 생각하는 모양이다
별수 없다 생각한 뾰족이 갈라선 결 가릴 눈을 기다리는 모양이다
춥디추워 꽁꽁 얼어도 덮을 눈 있는 시린 겨울을 기다리는 모양이다
봄 여름 가을을 그렇게 보내야만 한 생애를 살아낼 수 있는 모양이다

가리봉 시장 가는 길

초점을 잃은 눈 갈 곳을 잃고 멈춰 선 길에 작은 소리라도 샐까 쉿소리로 들어서는 열차 반투명한 스크린 도어 너머에 선 다리들이 늘어진다 오후 5시의 창밖은 애적에 폭풍우로 젖은 상 산다는 건 학교를 넘고 일터를 넘고 전세를 넘고 아파트를 넘다가 죽는 아직 북으로는 뻗어보지도 못한 꿈

뚜욱 끊긴 차음遮音 켜진 인생은 서울역 매일 같은 자리 잔뜩 때 낀 발톱을 열심히 손질하던 아저씨의 일과만도 아닌 듯 시뻘건 비상시 출입구에는 비린 맛이 감돈다 저 퉁퉁 부은 다리들의 정수리에 씌울 법한 허연 천이 굳이 필요하지 않은데 공들여 오래 쌓은 몸뚱어리 무너지는 꼴은 탐탁지 않은 모양으로 비린내 맡을 틈도 없이 단말마를 서로의 귀에 쏟아내며 연명하고

보지 못하는 이들의 웃음은 보지 않는 이들의 허연 이빨로 덮일 때에야 평안한 모양으로 중얼거리는 눈들이 서둘러 감긴다 전에 모를 사람들이 어정쩡하게 서로를 등지고 내뱉는 긴 연기에 마음이 동해 옷을 급하게 벗기고는 그 숨을 한 움큼 삼켜야만 성이 찬다

가리봉 시장 가는 가산디지털단지역 3번 출구의 멈춰버린 에스컬레이터엔 오르내리는 발걸음 끊이지 않고 역사 한구석에 주먹 김밥 냄새를 풀풀 풍기는 빵집의 그것처럼 먹고사는 일이란 그런 것이다 아무렇지 않아지는 것이다 웬만한 일들이 당연하게 스며들어 멈춰선지도 스며든지도 모르고 걸음을 옮기는 일이다

카페인 사골국 우린 듯 진한 커피 한 잔을 들고 다시 오전 8시 29분 열차에 발걸음을 싣는다 피곤한 기색에 새치를 정성스레 빗어 넘긴 남자 앞에 손잡이 하나를 잡고 탄다 타고난 표정이라도 된 듯 찌든 낯빛에 실낱 같은 안도감이 비친다 한 칸 자리 짓구겨지는 미소

밥 한술 못 뜨고 쏟아지는 사람들에 쏟을 뻔한 눈물을 마음에 목각질하고 웃는다 이제는 통곡으로 내질러지는 가락이 아니면 돋지 않는 흥 흔들리는 그대로 덩실대며 지하를 내달린다 역사 빵집에선 웬일인지 노래한 가락이 흐르고 사라진 각설이들의 행방이 묘연하다 빨아대는 커피의 양은 끝도 없이 늘어 가라앉은 눈을 겨우 에스컬레이터 앞에 묶어놓는다

유난히 더울 거라는 올해의 여름 벌써 식은땀이 흐른다 멈춰 설 수 없는 각자의 스크린 도어 너머에 건네는 인사

거기에서 만나자 거기에서 만나자 [뚜욱] 울리는 차음 에스컬레이터를 걷는다

짬뽕맨 카니발

홍합 껍데기가 깍깍 비명을 지른다
외로움은 치명이고 생으로 뜯어 먹는 자아의 식탁 앞엔
짬뽕집 의자를 빼고 앉아 맨밥에 김 야무지게 싸 먹던
아이는 없다

30대가 지하철 선로에 몸을 던졌다
사람들은 왜 그랬을지 분석을 시작하고 살아생전 직업
외의 사정은 궁금치 않다 어느 불행한 맨의 말로가 나
올 때쯤 되었지 끌끌 예언가 노릇을 할 뿐

그들만이 사는 세상 처음부터 끝까지 비명 모르는 탄
피 소리
가장 현실적인 객의 죽음은 예언가의 던지는 수로 세고
그들은 아마도 살고 싶은가 보다!

모두가 어사화를 쓰고 매운 걸 먹지 못하는 객에게 김이라도 싸 먹으라며 밥 한 공기 내어놓지 않고 가고 나서야 반송되는 편지를 보내는 일이 바빠 손이 는다 맵다

흙먼지 무릎 쓸며 빈 탄피를 뒤지다 머리부터 발끝까지 검댕 묻혀 올린 홍합 껍데기
시원한 육수 한 그릇 낼 수 있다 뽐내는 맨들의 세상
유한한 몸은 긁어 쓰고 긁을 게 떨어지면 혀 갈퀴로 패어다 쓰는 짬뽕맨들의 하루가 바쁘다
아주 그냥 생생生生하다!

벗겨진 알몸에 놀라 번쩍이는 하얀 이빨 드러낸 기색
데구르르 저기 하나 또 굴러간다 뺏길세라 몸 던져 웅크리고 짓는 말
그래도 끓여 먹을 홍합이 있어서 행복해요

매일 얼차려 받으면서도 웃는 양념으로 범벅된 애환맨
들의 발밑
흙을 젖히던 자연의 소리는 멎고 대신 울어댈 젓줄 찾
아 꽂은 귀에 지르는 비명
생으로 뜯어 먹자!

쾅, 식탁에 차려지는 짬뽕이 머리를 울려댄다
맨밥에 김을 싸 먹던 아이는 투정하던 버릇이 고쳐졌고
매운 혀들은 삼키느라 무엇을 먹는지도 모른다

병의 청

토악질

유리는 몸을 던졌지

새카만 물속으로

밀려 밀려

닿은 곳에 청을 담글 수 있을까?

아득해질 때쯤 푹 파인 슬픔 하나가 멈춰

반짝이던 모래 깊숙이 눈에 띈

짠물이나 비벼대던 병에 단물을 담근다니

정신 차려보니 맹숭한 물이 담겨 있더군

푸릇한 줄기 꽂혀 피우는 새로운 맹숭함을 갈아치우며

이건 이거대로 나쁘지 않다 생각했다 이거야

일괄로 피우고 있자니 단물이 아닌 게 다행이었지

흙으로 옮긴 꽃을 바라볼 때쯤 말끔해졌어

웃었지 이젠 그만 되었다고

그 자리 찌그러진 돼지 저금통 대신 쓰는 병

아닌 곳에 놓아두고

당연한 듯 묵은 때를 쨍그랑 던져

어둑히 차가던 빛의 반사

병은 비워질 때가 제일 행복했지

병 안에 던져대던 이상한 손

온몸으로 받아내고

고맙다 했던 그 병

청했지

청을 담은 예쁜 병이 되고 싶다 생각했거든

뒤도는 슬픔이 말했지

너는 생명을 살리는 병이니

맛있는 청 담가보자 했어

맨물이 과일이 설탕이

단내 가득한 병이 되었지

단걸 담는다고 병까지 달아진 건 아니었지만

한 숟가락 웃음 짓는 일순 달았지

청했던 거야 그게 보고 싶어서

이왕이면 단걸 비우고 싶었거든

새의 자국

새는 어디로 떠났나
부지런히 발길 옮기는 길에
무게가 실린다
날아야 할 곳 부닥친 석산
지쳐 푹푹 자리를 옮기는 발에
오롯이 쉴 곳은 어디인가
새는 울음도 없이 어디로 떠났나

끈기가 좋구나!

삶이 고달픈 놈이었나 보다
유난히 물컹한 부산물이 겨우 뭉쳐 있다
끄는 슬리퍼 한 짝에 다 묻히고
씻어낼 곳 없이 그 자리에 박혔다

끌수록 밑창 따라 깊게 박히는 이놈의 찌꺼기
닦일 거라 방심한 사이 자라나는 생生의 끈적함
하는 수 없이 닦아내려 비집는 솔질
아스팔트 걸친 턱에 살짝 말려 놓는다

그제야 폭우가 쏟아진다
우산 없이 맞는 꼬락서니 생각은 못 하고
온통
똥 묻힌 솔질 억울한 생각뿐이다

아스팔트 사이를 타고 태어난 작은 나무 밑에 열린
슬리퍼 하나
어제도 오늘도 내일도 모르는
밟은 놈의 밟힌 하루가 오늘도

예보 없이
쏟아진다

틈

쫓긴다 뒤꽁무니를
달린다 신호등을
스치는 바람 누군가 뱉어놓은 손기척
뒤돌아 없음을 확인한다
든다 안도감이
잇따른다 공허감이
안일하다

채찍질하는 칼바람에 양쪽 뺨을 내어준다
바삐 살피는 좌우
다시 달리는 바람
없다 잘 살고 있다는 만족
있다 잘 살고 있다는 생각

매번 목적지를 내려놓는다
내려놓자마자 다시 출발지를 찾는다
지겨울 틈 없다 지겨울 수 없다

달린다 또 목적지로
돌고 도는 비슷한 동네
들어찬 비슷한 사람들
바랜 기색을 들여다본다
볼 수 없음에도 본다고 생각한다

내려놓는다 오늘의 바람을
위한다 내일의 바람을
달린다 달리지 않기 위해

든다
목적지를
내린다
출발지를

그런 거다
그런 거다

그런 거다
생각만 든다

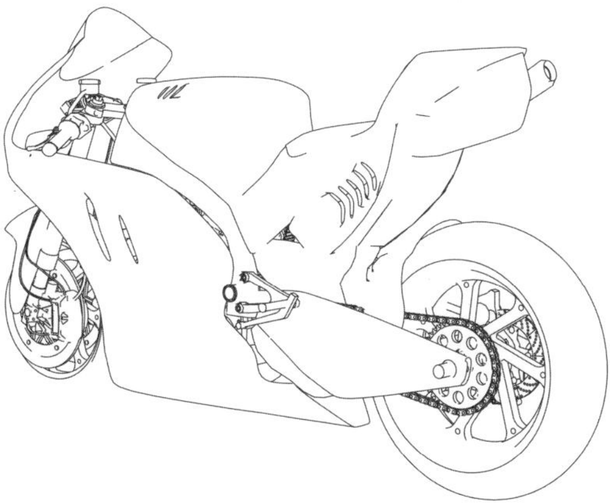

얼음 땡

공기에 튀는 밤을 늦춰 발간 호흡을 내뱉으니
검은 그림자의 반바지 사내가 슬그머니 속삭였지

'갈기갈기 찢긴 뿌리들이 뿌리내릴 곳을 찾았다고'

땡

갈라질 듯 끊기어 더는 갈 길 보이지 않는데
하얀빛의 행렬은 남쪽이라 다 깨진 무릎을 곧추세워
사내에게 털어놓았지
언젠가 집어삼킬 듯 그림자는 무릎 밑이 없었다고

가리운 고통에 흐르는 피를 똑똑히 보라던 핏대 선 그
림자가 은밀히 따르고
나는 어둠에 매달렸지 괜한 맹인을 자처해 덩실대는
꼴이었지
안길 요량으로 주워 든 그림자는 서걱대고 돌아갈 길
은 막연했지
깨어진 모든 것들이 외쳐댔지

"뿌리내릴 곳을 찾았다고"

그대로 내려놓고 도망쳤어 눈을 감았어 내달렸어
얼굴이며 손이며 몸이며 다리며 가득 긁히는 건 아무
상관이 없었지
아무도 없는 곳으로 아무도 모르는 곳으로 아무도 더
는 들추지 않는 곳으로
눈 떠 울지 않아도 단단히 어는 곳으로 더는 보이지
않는 곳으로 더는 보지 않는 곳으로 그곳으로, 그곳으
로, 그곳으로, 그곳으로

얼음

후회火다

전에 나는 해를 머리맡에 두고도
눈 한번 찡그리지 않고
불의 눈으로 해를 찾곤 했지

물을 발치에 두고도
손 한번 적시지 않고
마른 입술을 다시며 갈증 내곤 했지

누군가의 줄에 달린 인형으로 화려한 드레스와
기이하게 웃는 가면을 쓰고 홀로 팔을 힘껏 벌려
이리저리 바람으로 탱고를 추곤 했지

누추한 옷을 입은 누군가의 곯은 배보다
더 누추한 마음을 입고 누군가의 고단함을 음악 삼아
잠이 들어야만 달콤한 꿈을 꾸곤 했지

전에 나는 맞아야만 사는 이상을 위해
상상의 나래를 펼쳐 꿈속을 걷는 걸음을 띄워
갓 태어난 망아지처럼 겅중겅중 불 위를 걷곤 했지

받은 적 없는 곁을 내어 겨우 모은 이슬비를 주고선
화火가 가득 찬 장미꽃으로 매일 흔들리곤 했지

지금 나는 누구의 꽃인가?
누더기 같은 마음이라도 누군가의 손 한번 적셔주는
찡그려 우는 음악이 되었나?

지금 나는 누구의 춤인가?
화마에 휩싸여도 누군가의 목을 축여주는
진실하고 순수한 웃음이 되었나?

지금 나는 누구의 꿈인가?
지금 나는 누구의 불火인가?

취

무감각을 감각이라 부르는 여취여광의 골목길
이곳저곳 주삿바늘을 꽂고 침이라 생각하자는 게 쉽게 가자는 말
아프니까 쑤셔놓는 더한 고통에 틀어놓은 산 채의 코미디
어디서 시작한지도 모를 습관을 씹어 넘기고
모든 걸 넘지 않아도 넘기고 싶은 월담의 행태를 자조한다

씹어 넘긴 음식이 입 안에 까끌인다
침 맞으러 다닐 시간은 충분했겠지
당신을 만나지 않았더라면

핏덩이 조명으로 물든 골목을 구부리는 익숙한 어둠
런닝 차림의 늙은 남자가 내민 한숨은 낱낱이 후회로 가득하고
늘어선 시멘트 벽엔 막대 긁힌 생채기가 허물 벗으려던 유일한 흔적이다
몸부림친 적막이 감도는 이곳 낯선 골목은 어쩐지 익숙하다

곯은 배 채우지 않아도 고프지 않은 곳
먹고사는 게 어둠이라면
이곳에선 먹지 않아도 배가 부르구나

굳이 내가 아니어도 될 자리를 위해
굳이 나의 자리라 짓눌러 팬 자욱을 흔적이라 여기고
어디를 가든 얼굴 없이 버팅긴 미열이다
당신을 만나지 않았더라면 내게 침 맞으러 다닐 시간
은 충분했겠지

마비된 감각으로 타는 태양 밑 헤매는 나의 자리가
모든 것이라 속일 수 있었겠지 눈 감아 평온한 미소
그대로
음미할 수 있었겠지

광무

항성에 비스듬히 기대오는 운무 아래 설산의 바다, 안색이 좋다
해가 지면 어두운 그곳에 가느다란 빛 한 점 아쉬움이 난다

웃는 설 눈 옆을 스치는 붉은 자욱, 가깝다
한 점 묻혀 떠나는 빛은 그 자리에 있음에 빛이 나는걸
알지 못한 설 눈은 곧이 옆에 두려 하다 녹고 만다

지고 나면 설움 견디기가 힘이 들어 슬픈 울음을 짓다
다시 뜰 둥그런 색 면에 눈을 떼지 못하고 웃고야 마는 설산
맴도는 대기 가득 반짝이며 닿지 못하도록 잠긴 어둠의 숲

불타도 좋아, 오늘은 나에게 멈추어라
이윽고 불붙은 설산의 눈은 삭아 녹은 지 오래
품지 못할 자욱 두려 함에 남는 건 빛을 삼키는 암막뿐
두고 뒤돌아섬에 남는 미련한 눈 자욱

설 눈이었지만 그래, 그 자리 광무에 낮에도 비춰 울
수 있었어, 안색이 좋다

광기

익숙한 장소에 앉은 모양새 그대로 파고든다

두리번거리며 뿌리내리지 못하고

언제든 떠나도 되고 언제든 홀로임을 알고

마음속에 벽이 쳐진 비슷한 모양의 여러 방이 모였다

그것들은 마치 따로 움직이는 듯 함께 시뻘건 피를 토해내는데

어째 가슴이 토해낸 것이 이리도 식은 지가 오랜 걸까?

그것들은 마치 지혜로운 듯 미지근한 순환을 반복하는데

어째 뜨겁지 못해 토해낸 것이 이리도 뜨겁기만 한 걸까?

메뚜기와 소금쟁이

개구리 연못에 사는 메뚜기가
개구리를 피해 연못을 나왔으니
파도가 그 위를 덮친다

잠수하는 메뚜기, 생각한다
이곳은 바다라고
머나먼 바다의 파도라고

뜬다,
가는 다리 여섯에 힘을 주어
뜬다,

바다의 파도를 탄다
소금기 녹은 눈물을 탄 격이니
소금쟁이가 된 모양새다

뜬 파도를 즐긴다
소금 짓는 소금쟁이

누가 개구리 연못에 메뚜기가
드넓은 먼바다를 탈 거라고 생각이나 했을까?

오로지 잠수하는 메뚜기, 생각한다

없는 것보다야 꽉 찬 게 낫다고 하니까

각자의 이야기 각자의 행선
한데 모인 댓바람에 한 시루 실렸다
마치 원래 그랬던 것처럼 당연한 삶의 행로인 것처럼
다닥다닥 붙어 탈출의 입구가 열리기를
위에 몰린 산소를 뻐끔 삼키며 견딘다

열렸다,
우르르 내린다
우르르 탄다

달

슬프지 않은 달이 있더냐
더 깊은 달이 어디 떠 있더냐
누구에게나 달은 슬프고
덩그러니 하나 겨우 떠 있는 것을

말렸다 펼치면 산수화

성숙은 보통 먹물을 잔뜩 머금은 한지로
거무튀튀하고 축축한 휴지로 한데 뭉쳐져 있다가
말라 죽기 직전 펼치면 아름다운 그림 한 폭을 선물하
는 짜증나지만 미워할 수 없는 놈이다

맞추고 싶지 않은 정답

지금 미운 그 사람도
세상의 오류가 아닌
세상의 정답이다
내가 세상에 다 맞춰 살 순 없겠지만

내가 태어난 이유는

없다

그래서 참

다행이다

인생

살아야 할 이유도 없지만
그렇다고 죽어야 할 이유도
없다

그냥

좀 덜 괴롭게

좀 더 즐겁게

좀 더 열심히

좀 덜 열심히

살다

가는 것이다

그냥

명료한 건

세상은 혼란스럽다는 것이고
사람은 미약하다는 것이다

혼란스럽게 사는 게
명료하게 잘 살고 있다는 것이다

그러한 걸 받아들이면
조금 더 명료해지는 거겠지

임자 있는 사람들

제대로 된 사람들은 다
임자가 있다고들 말을 하는데

글쎄,
제대로 미칠 준비가
되어 있는 사람들이
임자를 찾곤 하는 건 아닐까?

사랑은
뭐라도 제대로 미쳐야 한다
내가 미치든 네가 미치든
무엇이 미치든

고로 임자 있는 사람들은
미칠 지경인 것이다

의미 부여

사랑해야 할 이유도 없지만
사랑 안 해야 할 이유도 없다

그대라는 사계

매일 부족하고 버거웠던 하루가 지나고
그대를 만나 지금이 충분한 하루가 되었습니다

매일 힘에 겹고 시리던 계절이 지나고
그대를 만나 지금이 따사로운 사계가 되었습니다

내겐 이제 그대를 사랑한다는 말이
내 하루 전부를 사랑한다는 말이 되었습니다

나는 그대라는 하루와 계절, 사계를 사랑합니다
내 모든 지금이 충분토록 해준 내 사랑, 내 그대

내 사계

반쯤 남은 달

살갗에 스며든 머리칼을 헤집던 향기가 코를 찔러 연필을 집어 든 열 손가락 마디에 길길이 느껴진다 끌어안은 허리춤을 쓸어 넘기며 검은 구름 속에 자꾸만 숨는 반달을 가리켜 와상의 황금빛 호선을 그린다 손끝에 잡힐 듯한 입꼬리 두 송이 덮어 숨을 눌러 담는다

저 빛나는 우물이 빛을 잠식해 흙먼지를 잔뜩 묻힌 산타를 손가락질하여도 크리스마스는 다시 올 거라고 가린 달이 불안해 재촉하는 발걸음이 우스워도 루돌프는 다시 올 거라고 안달 난 소녀의 발 구르는 소리가 울려대도 차분히 가라앉은 밤의 달은 눈이 부시다고

빛 서린 어깨를 감싸 안고 웅얼거린다

내 오랜 무기력이 슬픈 모래바람을 불러와 사지가 공중에 펄럭여도 누군가 버린 천 조각이라도 뒤집어쓰자고 아무리 마셔도 부족한 호흡이라도 모두가 눌어붙은 이 검은 아스팔트 위에서 다시 영원한 빛을 찾자고 모두가 울부짖는 이 무시무시한 숲에서 빛날 호수를 찾았으니 반쯤 남은 달을 슬퍼 말자고

나는 종착지를 더듬는다
나는 그대의 귓가를 더듬는다

사랑한다고

아무 페이지를 펼쳐
지금 보는 것이 사랑인가 봅니다

과정을 지날 만큼 지났다 매번 생각하여도
앞뒤 없이 일어나는 일은 지금임에도
전에 머물러 있게 하고
전임에도 후를 알게 합니다

그러니 해피엔딩도 배드엔딩도 없는 것이지요

순서가 어찌 되었건
내가 무얼 그리는지가 결말을 완성할 테니까요

그래, 닳고 닳아 없어질 때까지
서로를 연연하고
서로를 연인 하자

완벽지 않은 나의 그대에게
완벽지 않은 나를 선물합니다

완벽지 않아도 사랑하는 나를
완벽지 않아도 사랑하는 그대에게
선물합니다

특별한 독자 서평

누군가 사랑이 무엇이냐 묻는다면 말없이 이 시집을 손에 쥐여주고 싶습니다. 사랑의 단맛과 쓴맛을 이토록 유려하게 표현한 시집이 또 있을까요? 마치 누군가를 향한 러브레터를 몰래 훔쳐 읽는 듯 은밀하고도 수줍은 느낌마저 듭니다.

사계의 흐름이 그러하듯 사랑도 그러한 것이겠지요. 이정표 없는 길을 하염없이 헤매는 것만 같습니다. 하지만 그저 흘러가듯 몸을 맡기고 온 마음을 다한다면 사랑은 그리 멀지도 어렵지도 않을 것이라고 이 시집은 말합니다.

누구나 완벽하지 않고 그저 그런 삶을 대충 살아가고 있다 생각하지만, 사랑이 있기에 별것 없는 나도, 의미 없는 삶도 조금 더 나은 것이라 여기며 살아갈 수 있다는 것을 이 시집을 통해 배웠습니다.

작가의 시가 우리의 가여운 생生 위로 내려앉은 고단함을 털어줄 것이라 믿어 의심치 않으며, 열렬히 누군가를 사랑하고 미워하며 그리워하는 당신에게 이 시집을 추천합니다.